지은이 페르닐라 스탈펠트

1962년 스웨덴의 외레브로에서 태어났어요. 대학에서 문화학과 예술학을 공부한 뒤에 박물관에서 어린이들에게 현대미술을 가르치는 일을 했습니다.
1997년부터 그림책 작가로 활동하면서 《죽으면 어떻게 돼요?》, 《세상으로 나온 똥》, 《두둘겨 패줄 거야!》 등 많은 그림책을 쓰고 그려서 엘사 베스코브 상 등의 어린이문학상을 받았어요.
2004년에는 동화책 《삐삐 롱스타킹》을 쓴 작가, 아스트리드 린드그렌을 추모하기 위해 스웨덴 정부가 제정한 국제아동문학상인 아스트리드 린드그렌 상을 받았습니다.

옮긴이 홍재웅

스웨덴의 스톡홀름대학교에서 공부해, 문학박사 학위를 받았어요. 지금은 한국외국어대학교에서 스웨덴어를 가르치고 있습니다. 스웨덴, 노르웨이, 덴마크 문학 작품들을 우리말로 옮겨서 책과 연극으로 북유럽 문화를 한국에 알리는 일에 힘 쏟고 있어요. 《나는 형제들에게 전화를 거네》, 《빨간 리본》, 《안톤, 난 네가 좋아!》 등을 우리말로 옮겼어요.

이 책은 스웨덴 예술위원회(Swedish Arts Council)가 선정해 지원하는 〈스웨덴의 좋은 책 번역비 보조사업〉의 선정작입니다.

처음 철학 그림책

아동 인권

세상 모든
아이들의 권리

페르닐라 스탈펠트 글 그림 | 홍재웅 옮김

시금치

안녕?

'유엔 아동 권리 협약'을 읽고 나서, 이런 생각을 했어요. '내가 할 수 있는 일이 없을까?' 많은 나라가 이 협약을 받아들였지만, 모든 사람들이 이 협약의 모든 조항대로 생각하고 행동하는 것은 무척 어려운 일이에요. 시간이 오래 걸려요.

그래서 나는 끊임없이 아동 권리 협약을 생각하고 또 생각했어요. 그러다 문득 아동 권리 협약을 글에서 그림이나 연극으로, 무용으로 아니면 또 다른 무엇으로 바꿀 수 있지 않을까 하는 생각에 이르렀어요. 누구나 아동 권리 협약에 대해 생각해 볼 수 있도록 다양한 옷을 입혀 보는 거죠. 그런 것을 '해석'이라고 부를 수 있을 거예요. 여러분이 손에 쥐고 있는 이 책도 바로 그런 거고요. 내가 이해한 아동 권리 협약을 아이들이 이해할 수 있도록 그림책으로 만들었어요. 물론 이것은 나의 해석이에요. 하지만 많은 아이들과 어른들에게 도움이 될 것이라고 믿어요.

스웨덴 어린이들은 대개 행복하게 살고 있어요. 스웨덴 어린이들은 일할 필요가 없고, 당연히 학교에 갈 수 있고, 휴일과 방학에 할 수 있는 재미있는 활동들이 많이 준비돼 있어요. 놀이터, 승마학교, 요트학교, 축구장, 음악학교와 그밖에도 다양하고 풍성한 문화 활동이 있지요. 그렇지만 여러 다른 나라의 어린이들은 일을 해야만 하고, 수영이나 자전거 타는 것을 배워서는 안 되고, 어른에게 폭력을 당할 수도 있어요. 어쩌면 학교가 없을지도 몰라요. 어린이책도 없고 어린이를 위한 극장도 없고 심지어 장난감 가게조차 없어요.

또 많은 나라에서 어린 여자아이들은 여자라는 이유만으로 더 힘들게 살 수밖에 없어요. 갓 태어난 여자아이가 버려지거나 어떤 경우 남자아이가 아니라는 이유로 부모에 의해 처참하게 살해당하는 경우도 일어납니다. 이러한 일은 이상하고 이해하기가 매우 어려워요. 어떻게 그렇게 끔찍한 일이 일어날 수 있을까요? 여자아이들을 유괴해서 그 아이들에게 나쁜 짓을 하는 어른, 나쁜 짓을 하려고 그 어른한테 돈을 지불하는 아저씨들과 어쩔 수 없이 같이 있게 되는 일도 있어요. 어른에 의해 아이들이 팔려가기도 해요. 그런 아이들의 삶은 절대로 온전할 수 없겠지요. 이것은 잘못된 일이에요. 법적으로도 금지되어 있어요.

이런 이야기가 무섭기도 하고, 화도 날 거예요. 그래서 세계의 모든 나라 사람들이 아동 권리에 관해 이야기하는 것이 매우 당연하고 중요하다고 생각해요. 이 책도 그런 방법 중 하나지요. 어쩌면 여러분도 다른 방법으로 이야기를 풀어내서 아동 권리에 관한 지식을 알릴 수 있을 거예요. 참여하는 사람들이 많아지면 많아질수록 더 많은 어린이들이 좋은 삶을 누릴 수 있을 거예요. 더 많은 아이들이 조금 더 자주 행복을 느낄 수 있을 거고요. 전 세계를 위한 좋은 선물이 될 거예요!

Pernilla Stalfelt

추신! 책의 마지막 쪽에 나오는 유엔 아동 권리 협약을 읽어 보세요.
아이들의 권리를 위해서 일하는 다양한 기관도 알아보세요.

아이들은 사랑을 받을 권리가 있어.

이름을 가질 권리도 있지.

그리고 생일에
축하를 받을 권리도 있어.

누구나 있는 그대로의 모습으로 살아갈 권리가 있어.

자기 나라 말로 말할 권리도.

새로운 나라로 이주해 온 아이들도
자신의 이름으로 불릴
권리가 있지.

원주민의 아이들, 예를 들어 노르웨이 북부에 사는
사미족은 자신의 문화와 풍습에 따라 살 권리가 있어.

모든 아이들에게는 놀 권리가 있어.

예를 들어 멍멍이놀이 같은…

그리고 다른 아이들과 함께 놀
권리가 있어.

때때로 쉴 권리도 있어.

"난 살고 싶고, 자라고 싶어요."

아이들은 옆으로 재주넘기도 배우고, 수영 교실을 다니고 글쓰기도 배우고, 숫자 세는 것을 배우고 배 타는 것을 배울 권리가 있어.

아이들은 좋은 책을 읽을 권리가 있고,

물고기 한 마리든 두 마리든 낚아 볼 권리가 있어.

모든 아이는 학교에 가서
여러 가지를 배울 권리가 있어.

예를 들어 여러 가지 외국어.

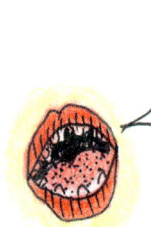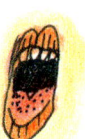

지구 반대편에 있는
다른 나라에 대해 배우는 것도
아이들의 권리야.

여기에 사는 사람을 알고 싶어.

여기에서 어떻게 사는지도.

먼 옛날, 사람들이 동굴에서 살며 벽화를 그리던
때는 어떠했는지 배울 권리도 있어.

4000년 전에 피라미드를 지었대!

모든 국가는 좋은 환경에서 아이들을 돌볼 수 있도록
부모를 돕고 지원해야만 해.

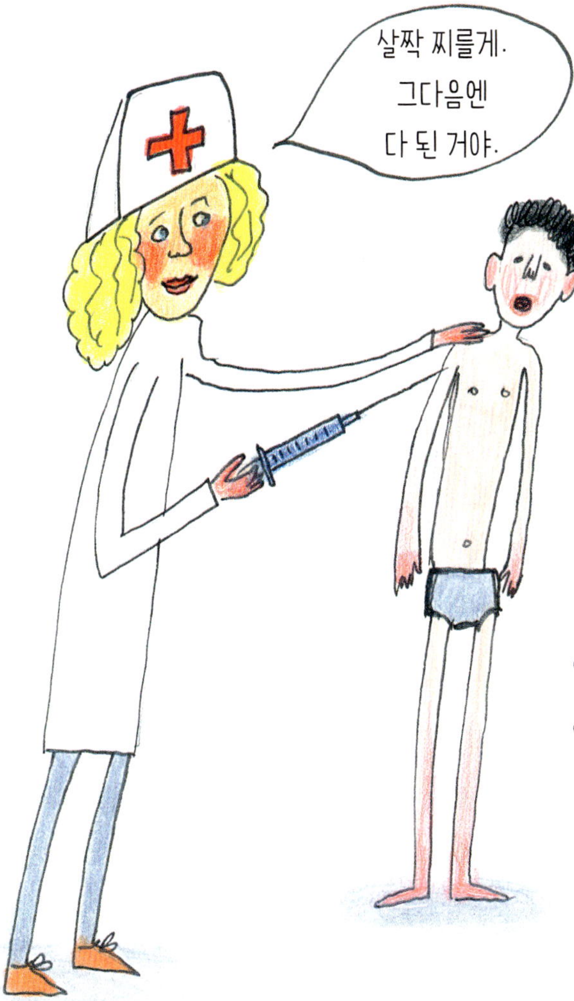

살짝 찌를게.
그다음엔
다 된 거야.

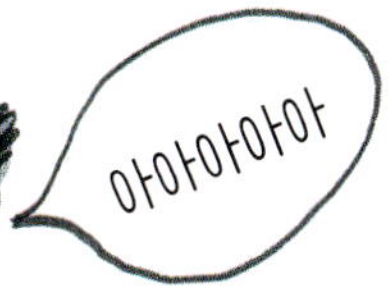

아야야야야

예를 들어 병이 잘 낫도록
예방주사도 놔 주지. 그걸 백신이라고 해.

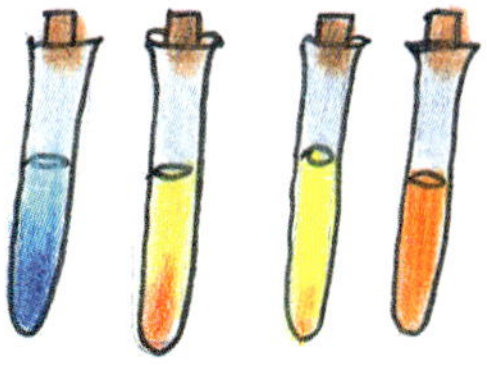

아이들을 건강하게 지켜 주고,

때때로 부모가 직장을 쉬며 아이들과 함께 있도록 해 줘.

그러면 같이 놀거나
게임도 할 수 있겠지?

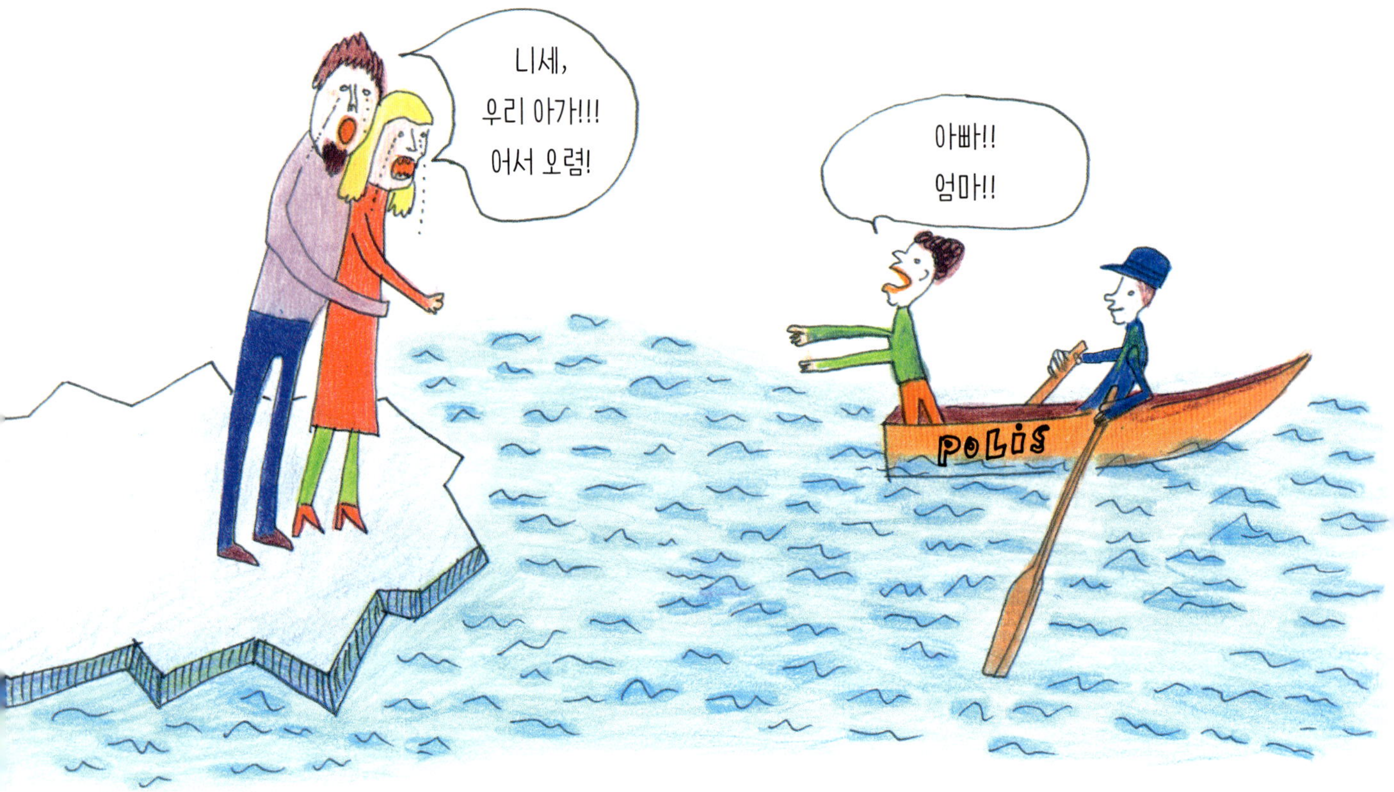

"니세, 우리 아가!!! 어서 오렴!"

"아빠!! 엄마!!"

부모 마음대로 아이들이 부모와 떨어지게 둬서는 안 돼.

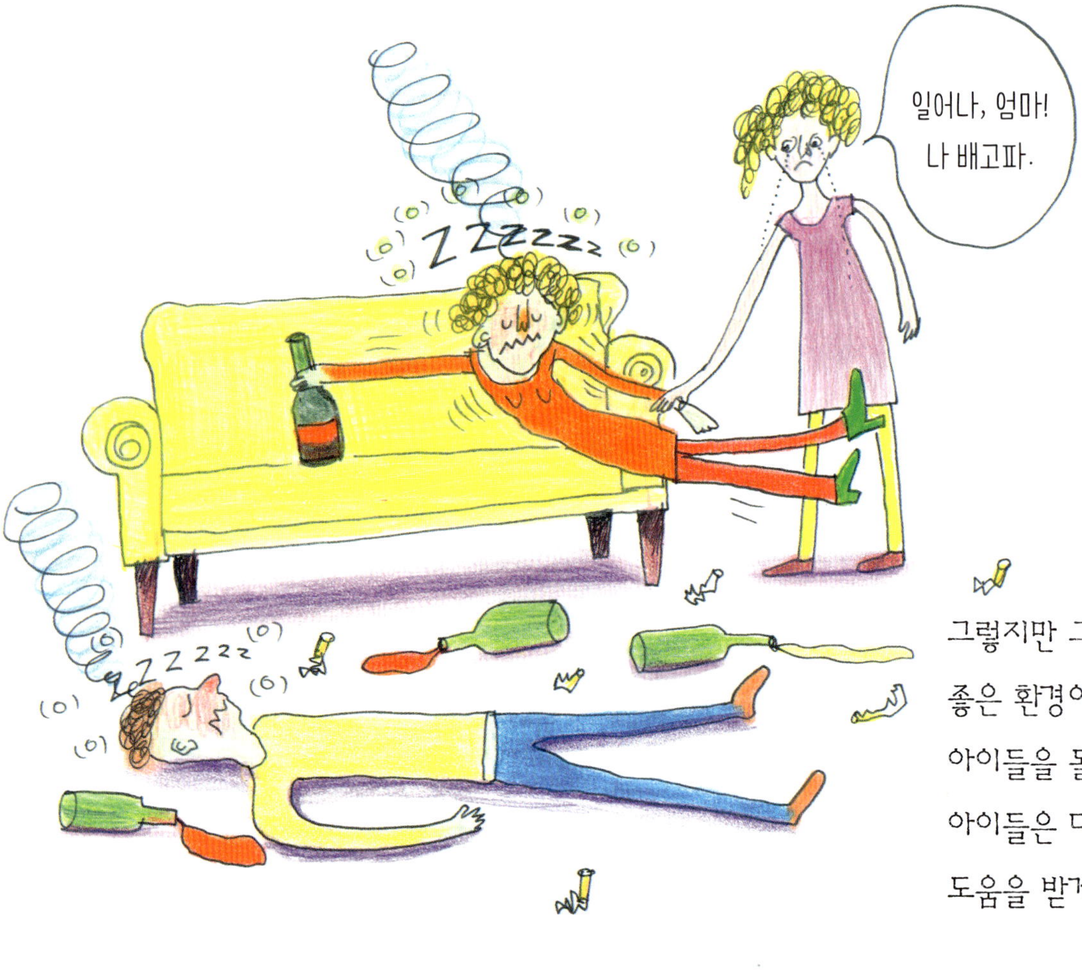

"일어나, 엄마! 나 배고파."

그렇지만 그 부모가 좋은 환경에서 아이들을 돌볼 수 없다면 아이들은 다른 어른에게 도움을 받게 될 거야.

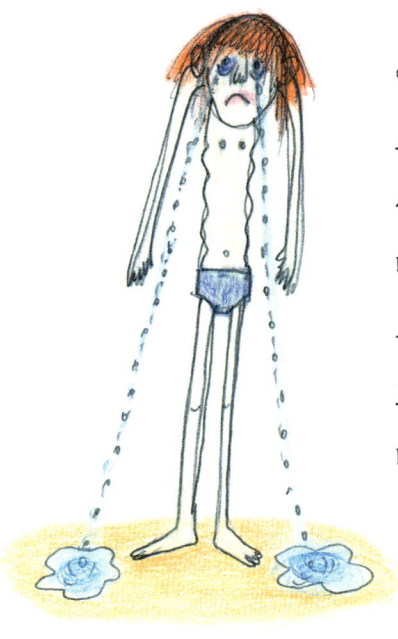
아무도 돌보지 않거나
소홀한 보살핌(=아이에 대해서
신경 쓰거나 세세하게 살피지도 않고,
먹을 음식도 주지 않는)을 받은 아이는
좀 더 나은 삶을 살기 위해서
도움을 받을 권리가 있어.
매일매일 돌봐 줄 누군가를 얻을 권리가.

새로운 부모를 만나는 일도 생기지.

입양 = 자신의 아이와 똑같이
아이를 돌보는 것. 평생 부모가 된다.

누구도 아이를 때려서는 안 돼.

난폭하게 대해서도 안 돼.

이 멍청한 자식아.

근데 아빠…

흔들어 대도 안 돼.

정말 열받는다.

아아아아아아

아이한테는 위험할 수 있어.

모든 아이는 원하는 것을 믿을 권리가 있어.

자라는 씨앗

코끼리신을 믿어

천사

우리가 결정해

귀신

아니면 민주주의!

산타클로스를 믿어

간식 먹는 토요일을 믿어

용을 믿어

아니면 태양

하늘 위에 신이 있다고 나는 믿어

아이를 팔아서도 안 되고.

아이를 사는 것도 안 돼.

이러면 절대 안 돼! 그만둬!
경찰이 와서 악당들을
감옥에 집어넣을 거야!

아이들에게 강제로 일을 시켜서도 안 돼.

아이는 군인이 되어서도 안 돼.

전쟁 중이라도

절대 안 돼!

예를 들어 핸드백 같은
물건을 훔친 아이는
도둑이라고 할지라도
어른 도둑처럼 대해서는 안 돼.

경찰은 아이를 친절하게 대해야 하고, 곤봉으로 때리거나
권총을 쏘아서도 안 돼.

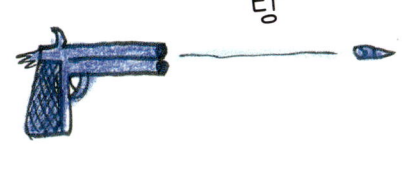

아이를 감옥에 가두는 것은 금지된 일이야.

여러 가지 장애가 있는 아이들은 좋은 삶을 살아갈 권리가 있어.

버스를 탈 수도 있어야 하고

다른 사람들처럼 영화도 보러 갈 수 있어야 해.

자신의 나라에서 피난을 나온 아이는,

그곳에 전쟁이 벌어지고 있을지도 몰라!

보호와 도움을 받을 권리가 있어.

유엔 아동 권리 협약문

이 협약은 전문과 54개 조항으로 구성됐어요.
우리나라를 포함하여 현재까지 가장 많은 국가가 받아들인 국제법이랍니다.
유엔 기구인 유니세프가 이 협약을 알기 쉽게 간추려 정리했어요. '유니세프 한국위원회'가
우리말로 옮긴 그 협약문을 여기에 소개할게요.

1조 아동이란, 18세 미만의 모든 사람을 의미합니다.

2조 어떤 이유로도 아동을 부당하게 대우해선 안 됩니다. 모든 아동은 그들이 누구이든지 사는 곳, 언어, 종교, 생각, 외모, 성별, 장애 여부, 경제적 상황, 부모나 가족의 배경에 관계없이 모든 권리를 동등하게 가집니다.

3조 아동을 위한 결정을 할 때, 어른은 그 결정이 아동에게 미치는 영향에 대해 충분히 생각하고 아동에게 최선이 되는 행동을 해야 합니다. 정부는 아동이 부모나 보호자의 보호와 보살핌을 받도록 보장하고, 아동을 돌볼 책임이 있는 보호자나 기관이 역할을 다하고 있는지 확인해야 합니다.

4조 정부는 모든 아동이 협약에 담긴 권리를 충분히 누리도록 가능한 모든 일을 해야 합니다.

5조 모든 아동은 성장과정에서 가장 이상적으로 권리를 누리는 방법을 배울 수 있어야 합니다. 정부는 가족과 지역사회가 아동에게 이를 잘 지도할 수 있도록 지원해야 합니다.

6조 모든 아동은 생존할 권리가 있습니다. 정부는 아동이 생존하고 발달할 권리를 최대한 누리도록 보장해야 합니다.

7조 모든 아동은 태어나자마자 정부의 공식적인 절차를 거쳐 출생 신고가 되어야 합니다. 아동은 국적을 가져야 하며, 가능한 한 부모가 누구인지 알고, 부모의 돌봄을 받아야 합니다.

8조 아동에게는 이름, 국적, 가족 관계 등의 신분을 확인할 수 있는 공식 기록이 있어야 합니다. 누구도 아동으로부터 공식적인 신분을 빼앗을 수 없으며, 그런 일이 벌어진 경우에는 아동의 신분을 되찾을 수 있도록 정부가 도와야 합니다.

9조 부모가 아동을 학대하거나 방임하는 등 제대로 돌보지 않는 경우가 아니라면 아동은 부모와 함께 살아야 합니다. 아동이 부모와 떨어져 사는 경우에도 아동에게 해가 되지 않는 한 부모와 계속 연락할 수 있어야 합니다.

10조 아동이 부모와 다른 나라에 살고 있다면 정부는 아동과 부모가 만나 함께 지낼 수 있도록 다른 나라로 이동하는 것을 허가해야 합니다.

11조 정부는 누군가가 아동을 납치하거나 한 쪽 부모가 다른 쪽 부모의 허락 없이 일방적으로 아동을 데려가는 등 불법적인 방법으로 아동을 외국으로 데려가지 못하게 막아야 합니다.

12조 아동은 자신에게 영향을 미치는 일에 대해 자유롭게 의견을 말할 권리가 있습니다. 어른들은 아동의 의견을 잘 듣고 중요하게 받아들여야 합니다.

13조 아동은 말이나 글, 그림 등 다양한 방법으로 자신의 경험과 생각, 느낌을 자유롭게 공유할 수 있습니다. 그러나 이 과정에서 다른 사람에게 피해를 주어선 안 됩니다.

14조 아동은 자유롭게 생각하고, 양심에 따라 행동하며, 원하는 종교를 가질 수 있습니다. 하지만 이러한 자유가 다른 사람의 권리를 빼앗는 결과로 이어져서는 안 됩니다. 부모는 아동이 성장과정에서 자신의 권리를 올바르게 사용할 수 있도록 잘 지도해야 합니다.

15조 아동은 다른 사람에게 해를 끼치지 않는 한 모임이나 조직을 만들거나 가입하고, 다른 사람들과 함께 활동할 수 있습니다.

16조 모든 아동은 사생활을 보호받을 권리가 있습니다. 정부는 아동의 사생활을 비롯해 가정사, 개인 공간 및 통신 기록을 법으로 보호해야 하며, 어떤 비난에 의해 아동의 명예가 훼손되지 않도록 해야 합니다.

17조 아동은 인터넷, 라디오, 텔레비전, 신문, 책을 비롯한 다양한 출처에서 정보를 얻을 권리가 있습니다. 어른들은 그와 같은 정보가 아동에게 해롭지 않은 지 확인해야 합니다. 정부는 대중매체 정보가 모든 아동이 이해할 수 있는 언어로 전달되도록 권장해야 합니다.

18조 부모는 아동을 기를 책임이 있으며, 부모가 없는 아동은 다른 보호자의 보살핌을 받아야 합니다. 부모와 보호자는 항상 아동을 위한 최선이 무엇일지 고민하고, 정부는 그들을 지원해 주어야 합니다. 아동을 기를 책임은 양쪽 부모 모두에게 있습니다.

19조 정부는 폭력과 학대, 방치로부터 아동을 보호해야 합니다.

20조 아동이 가족의 돌봄을 받을 수 없는 경우, 자신의 종교, 문화, 언어 등을 존중하는 보호자의 돌봄을 받을 권리가 있습니다.

21조 입양을 추진할 때는 아동의 입장에서 무엇이 최선인지 확인하는 것이 가장 중요합니다. 아동이 태어난 나라에서 제대로 보살핌 받으며 자랄 수 없는 경우에는 다른 나라로 입양할 수 있습니다.

22조 난민 아동과 같이 안전을 위해 자신이 태어난 나라를 떠나 다른 나라로 이동한 아동은 특별한 도움과 보호를 받아야 하며, 지금 사는 나라의 아동과 같은 권리를 가집니다.

23조 장애 아동은 사회에서 가능한 한 최선의 삶을 누릴 수 있어야 합니다. 정부는 장애 아동이 독립적이며 적극적으로 지역사회에 참여하는 것을 방해하는 모든 장애물을 없애 주어야 합니다.

24조 아동은 가능한 한 최고의 의료 서비스를 받으며 깨끗한 식수를 마시고 건강에 좋은 음식을 먹으며 쾌적하고 안전한 환경에서 살아갈 권리가 있습니다. 모든 어른과 아동은 안전하고 건강한 생활에 필요한 정보를 얻을 수 있어야 합니다.

25조 아동의 건강과 보호를 위해 아동을 집이 아닌 다른 시설이나 가정 등에 머물게 했다면 정부는 그곳이 아동에게 가장 적합한 곳인지, 아동이 잘 지내고 있는지 정기적으로 조사해야 합니다.

26조 정부는 빈곤 가정의 아동을 돕기 위해 현금 지원이나 그 밖의 필요한 지원을 해야 합니다.

27조 아동은 잘 먹고 잘 입으며 안전한 공간에서 살 권리가 있습니다. 아동은 이러한 권리로 최선의 성장을 할 수 있습니다. 정부는 기본적인 의식주를 누리지 못하는 아동과 가족을 도와야 합니다.

28조 모든 아동은 교육받을 권리가 있습니다. 초등교육은 무료로 제공돼야 하며, 모든 아동에게 중등교육과 고등교육의 기회가 주어져야 합니다. 가능한 한 더 높은 수준의 교육도 받을 수 있어야 합니다. 학교 규칙은 아동의 권리를 존중해야 하며, 어떤 경우에도 폭력이 허용돼서는 안 됩니다.

29조 교육은 아동의 특성과 재능, 능력 계발을 지원해야 합니다. 아동은 교육을 통해 자신의 권리를 이해하고 타인의 권리와 문화, 차이를 존중하는 법을 배웁니다. 또한 교육은 아동이 평화의 가치를 지키고 환경을 보호하는 삶을 사는 데 도움을 주어야 합니다.

30조 소수 민족 아동은 대다수 국민이 공유하지 않는 자신만의 고유 언어와 문화, 종교를 가지고 누릴 권리가 있습니다.

31조 모든 아동은 충분히 쉬고 놀며, 문화와 창작 활동에 참여할 권리가 있습니다.

32조 아동은 위험하거나 교육, 건강 또는 성장에 방해되는 노동으로부터 보호받을 권리가 있습니다. 노동하는 아동에게는 정당한 임금을 지급해야 합니다.

33조 정부는 아동이 해로운 약을 먹거나, 이를 만들고 운반하고 판매하는 일에 관련되지 않도록 보호해야 합니다.

34조 정부는 성적인 착취와 학대로부터 아동을 보호해야 합니다. 아동에게 성관계를 강요하거나, 아동을 대상으로 한 성적인 사진, 동영상을 촬영하면 안 됩니다.

35조 정부는 아동이 유괴를 당하거나 물건처럼 사고 팔리거나 다른 국가나 장소로 끌려가 착취당하는 일이 없도록 해야 합니다.

36조 아동은 아동권리협약이 구체적으로 다루지 않은 그 밖의 모든 형태의 착취로부터 보호받을 권리가 있습니다.

37조 법을 어긴 혐의를 받는 아동을 고문하거나 잔혹하게 대우하면 안 됩니다. 아동에게 사형이나 종신형 등을 선고해서는 안 되며, 성인 범죄자와 한 공간에서 지내게 해서도 안 됩니다. 아동을 감옥 등에서 지내게 하는 일은 다른 선택이 없을 때 최후의 방법으로만 사용해야 하며, 그 기간도 가능한 한 가장 짧아야 합니다. 감옥 등에 갇혀 지내는 아동은 법적 지원을 받고, 가족과 연락할 수 있어야 합니다.

38조 전쟁 중에는 아동을 특별히 보호해야 합니다. 15세 미만의 아동이 군대에 들어가거나 전쟁에 참여해선 안 됩니다.

39조 아동이 다쳤거나 방임, 학대, 전쟁으로 피해를 입은 경우, 몸과 마음의 건강을 회복해 일상으로 돌아갈 수 있게 도와주어야 합니다.

40조 법을 어긴 혐의를 받는 아동은 정당한 법적 지원과 공정한 대우를 받을 권리가 있습니다. 이들을 사회의 건강한 일원으로 키울 수 있는 다양한 해결 방안을 마련해야 하며, 아동을 감옥에 보내는 일은 최후의 선택이 돼야 합니다.

41조 우리나라 법이 아동권리협약보다 아동권리를 더 잘 보호하고 있다면 우리나라 법을 따라야 합니다.

42조 정부는 모든 아동과 어른이 아동권리에 대해 알 수 있도록 아동권리협약을 적극적으로 알려야 합니다.

43조~54조 아동권리협약 제 43~54조는 모든 아동의 권리를 보장하기 위해 정부, 아동권리위원회 및 유니세프와 같은 유엔 기구, 그 외 관련 기관들이 어떤 일을 해야 하는지 설명합니다.

유엔 아동 권리 협약은 1989년 11월 20일 유엔총회에서 승인되었어요. 아동 권리 협약은 이 협약을 맺은 국가들 사이에 강제적인 합의입니다. 즉 당사국들은 이 협약을 수행하기 위해서 적절한 모든 조처를 할 의무를 가지고 있으며, 아동 권리 협약을 수행하기 위한 전적인 책임을 지고 있는 것이 바로 이 당사국들입니다. 미국과 소말리아를 제외한 세계의 모든 국가는 이 아동 권리 협약에 비준했어요.

*아동의 권리와 아동 권리 협약에 관해 더 알고 싶다면 아래 사이트에 들어와서 읽어 보세요.
www.unicef.or.kr
www.childhood.org
www.plansverige.org

처음 철학 그림책 〈아동 인권〉 | 세상 모든 아이들의 권리

초판 1쇄 발행 2020년 6월 5일
초판 3쇄 발행 2022년 4월 29일
지은이 페르닐라 스탈펠트
옮긴이 홍재웅
펴낸이 송영민
펴낸곳 시금치
디자인 달뜸창작실
교정 교열 최은영, 송영민
주소 서울시 마포구 잔다리로7길 18, 502호 | 전화 02-725-9401 | 팩시밀리 02-725-9403
전자우편 7259401@naver.com | 홈페이지 www.greenpub.co.kr | 페이스북 www.facebook.com/spinagebook
출판등록: 2002년 8월 5일 제300-2002-164호
ISBN 978-89-92371-71-1 74100
　　　978-89-92371-22-3(세트)74100

ALLA BARNS RÄTT by PERNILLA STALFELT
© Pernilla Stalfelt
First published by Rabén & Sjögren, Sweden, in 2019
All rights reserved.
The Korean language edition is published by arrangement with Raben&Sjögren Agency,
Sweden through MOMO Agency, Seoul.

이 책의 한국어판 저작권은 모모 에이전시를 통해 Raben&Sjögren Agency 사와의 독점 계약으로 '도서출판 시금치'에 있습니다.
저작권법에 의해 한국 내에서 보호를 받는 저작물이므로 무단전재와 무단복제를 금합니다.

「이 도서의 국립중앙도서관 출판시도서목록(CIP)은 서지정보유통지원시스템 홈페이지(http://seoji.nl.go.kr)와
국가자료공동목록시스템(http://www.nl.go.kr/kolisnet)에서 이용하실 수 있습니다.(CIP제어번호: CIP2020017683)」

어린이 제품 안전특별법에 의한 제품 표시 | 제품명 세상 모든 아이들의 권리 | 제조국명 대한민국 | 제조자명 도서출판 시금치
전화번호 02-725-9401 | 주소 서울시 마포구 잔다리로7길 18, 502호 | 제조연월일 2020년 12월 1일 | 사용연령 36개월 이상

- 값은 뒤표지에 있습니다.
- 잘못 만들어진 책은 구입하신 서점에서 바꾸어 드립니다.